AF330679

DE

QUELQUES SIGNES DE DÉSORGANISATION

SOCIALE

DIJON, IMPRIMERIE J.-E. RABUTÔT

DE QUELQUES SIGNES

DE

DÉSORGANISATION

SOCIALE

PARIS

LIBRAIRIE ACADÉMIQUE DE DIDIER

Quai des Grands-Augustins, 35

1871

QUELQUES SIGNES DE DÉSORGANISATION

SOCIALE

Pour qu'une société puisse exister, c'est-à-dire pour que des hommes puissent vivre les uns à côté des autres, il faut qu'entre eux il y ait un lien, qu'ils soient réunis par un certain nombre d'idées communes ; autrement on ne voit pas pourquoi ils resteraient ensemble, pourquoi une moitié de la nation ne se séparerait pas de l'autre, et ainsi de suite jusqu'à une complète désorganisation.

Ces idées sont, d'abord, les grandes idées du bien, du devoir, qui nous disent que l'homme doit vivre dans la société et se dévouer à son service.

C'est, ensuite, l'amour de la patrie, c'est-à-dire du sol sur lequel nous vivons, nous et toutes les personnes qui nous sont chères.

Ce sont, pour passer à des motifs inférieurs qui ne sont pas les moins puissants, tous les avantages que les hommes trouvent dans la société, la facilité de vivre, l'échange mutuel des services, la position acquise, la sauvegarde des intérêts, l'héritage des idées, des sentiments, des biens de toutes sortes qu'une génération passe à une autre.

C'est enfin, si l'on veut, l'habitude de vivre ensemble, l'attachement à un gouvernement en particulier, etc.

Ces idées, tous y participent, même ceux qui réfléchissent le moins, le paysan, l'ouvrier, le pauvre comme le riche. Qui n'est pas intéressé au maintien de la société dans laquelle il vit ?

En fait, il est certain que lorsque ces idées communes viennent à diminuer dans une nation, c'est-à-dire lorsque les idées personnelles, particulières, viennent à prendre le dessus, la nation ne tarde pas à s'en aller par morceaux, à se dissoudre.

Il en est d'elle comme d'un corps que l'âme à abandonné : au bout de peu temps sa fermeté diminue, toutes les parties qui le composaient se disjoignent et se séparent, et dans quelques mois ce ne sera plus qu'un amas de poussière. C'est comme le tronc des arbres que l'on a coupés : au premier moment il est dur et résistant; une année après, si vous enfoncez un bâton, vous le ferez pénétrer jusqu'au fond des racines, parce qu'il est pourri.

Un des signes les plus graves de l'état social dans lequel nous nous trouvons aujourd'hui est justement cette division absolue des esprits sur presque toutes les questions.

Prenez les grands principes philosophiques, l'existence de Dieu, la loi morale ; prenez les principes religieux, prenez les principes sociaux, la propriété, la famille ; prenez les formes de gouvernement, prenez les arts, la littérature : partout vous trouverez non point cette diversité des opinions si propre à faire jaillir la lumière, mais sur tous ces points deux principes opposés, contraires, ce qui indique dans la nation deux partis prêts à se déclarer la guerre.

D'un côté ce sont les populations ouvrières des grandes villes, marchant sous la bannière du matérialisme et du socialisme; de l'autre ce sont les classes éclairées, puis les populations des campagnes, qui se trouvent placées comme dans deux camps les unes en face des autres.

Toutefois ce désaccord, qui existe complet chez quelques individus et sur tous les points, n'a pas encore absolument pénétré dans le peuple lui-même; il est donc encore temps de prévenir le mal et de réunir les éléments dispersés de notre nation. Si l'on y porte un prompt remède, nous pourrons revoir encore la France jouir d'une prospérité nouvelle; si on ne le fait pas, avant peu de temps la France, soumise à ce travail de décomposition, en sera réduite à traîner une existence misérable, comme celle de l'Italie, de l'Espagne et du Mexique.

Au point de vue social, qui pourrait nier cette division des esprits? ou, plutôt, comment pourrait-elle s'accuser d'une manière plus sensible que par cette guerre fratricide que nous faisons en ce moment les uns contre les autres? C'est Paris qui est en révolte contre la France, ou, pour parler plus justement, car la division des esprits n'existe pas seulement chez ceux qui se battent, ce sont toutes les populations ouvrières des grandes villes, envieuses des classes riches, qui réclament une organisation différente de la société, comme si la société pouvait exister en dehors de certaines conditions normales qui font son existence.

Tout le monde connaît l'histoire du socialisme en 1848; mais ce qu'on ne sait pas, ce sont les progrès qu'il a faits depuis cette époque, les diverses associations dans lesquelles il a trouvé des centres d'action et de propagande.

Il faut pour cela avoir été dans les réunions publiques, avoir lu les journaux du parti, pour bien comprendre jusqu'à quel point est poussé cet esprit de division; mais les faits parlent plus haut que tout le reste. Comment le peuple de Paris, qui d'ailleurs ne s'est presque pas battu contre les Prussiens, a-t-il pu, pour faire une guerre civile, choisir le moment où la France est écrasée sous le poids d'un traité qui demande tous ses efforts pour en sortir avec honneur, le moment même où les Prussiens sont encore autour de Paris, ne cherchant que l'occasion de faire à la France de plus mortelles blessures?

Faire une guerre civile en ce moment, tuer des Français, détruire le crédit de la France, n'est-ce pas la preuve la plus complète que chez ces hommes tout sentiment de patriotisme a disparu? A force de déclamer contre la société, ils se sont persuadé qu'ils n'avaient pas de pire ennemi que la société elle-même, et qu'avant même de songer aux Prussiens ils devaient la détruire.

Ce calcul était insensé, et il faut avoir été aveuglé par l'ignorance et la passion pour avoir pu le faire un seul instant. Les Prussiens pouvaient-ils jamais, pendant qu'ils sont sur notre territoire, laisser triompher des idées qui mettraient le feu à toute l'Europe? Hélas! ils les ont laissés faire, sachant bien que la France se faisait par là plus de mal qu'ils ne nous en avaient fait eux-mêmes.

Si nous nous transportons à Versailles, nous assistons, sur un autre terrain, à d'autres divisions qui se retrouvent également dans le pays tout entier.

Là ce n'est plus le fondement même de là société qui est en jeu, mais la forme du gouvernement : les uns veulent la République, et ils prétendent l'imposer à la France par une sorte de droit divin ; les autres veulent pour roi le comte de Chambord ; les autres le comte de Paris ; les autres enfin, car il y en a encore, veulent le retour de Napoléon III : c'est-à-dire que leurs divisions, au lieu de se faire sur des principes, sur lesquels on peut toujours s'arranger, ont lieu sur des personnalités, entre lesquelles toute transaction est impossible.

Et quel acharnement entre ces différents partis ! comme tous ils se détestent et s'excluent les uns les autres ! Vous donneriez toutes les libertés possibles avec un roi, que les Républicains n'en voudraient pas ; les Orléanistes et les Légitimistes ne se détestent pas moins entre eux. Ce sont toutes les rancunes du passé qui se réveillent pour nous tourmenter.

Je sais bien que provisoirement, le danger pressant, et dans l'impossibilité de s'entendre sur un autre point, on pourra peut-être arriver à pro-

clamer la République, qui, d'après une parole
célèbre, est la forme de gouvernement qui nous
divise le moins ; mais la République ne sera pas
plutôt établie, que les divers partis s'entendront
pour lui faire la guerre. Pour notre malheur, elle
a commis dernièrement tant de fautes, elle a
donné tant de preuves d'incapacité et de faiblesse, qu'il est bien difficile qu'on n'ait pas
contre elle une juste rancune ; en sorte que la
seule forme de gouvernement que nous puissions
avoir est déjà d'avance discréditée, au moins
dans les hommes qui la représentent et le parti
qui la soutient.

Quelle chance de stabilité pour l'avenir?

C'est avec le système que nous avons eu des révolutions tous les vingt ans ; qu'en 1852, comme
en 1798, nous avons été prêts pour le despotisme,
qui nous donnait au moins la sécurité aux dépens
de tout ce qu'il nous prenait. Ce seront encore là
les moindres conséquences de cette division des
esprits si elle se continue.

Un autre signe de notre désorganisation sociale

est l'immense développement qu'y ont pris les intérêts matériels et la richesse publique, non point qu'en soi ce développement soit un mal, au contraire il est une conséquence ordinaire de la civilisation ; mais il amène derrière lui, d'une manière fatale, la corruption des mœurs, et la corruption est un signe certain d'un peuple en décadence.

Chez nous et dans les autres pays de l'Europe, depuis trente ou quarante ans, tout y a porté ; nous ne croyons pas que le monde, à aucune autre époque, ait assisté à un plus grand développement de la richesse publique et à un plus grand accroissement des intérêts matériels que dans ce siècle, que l'on peut appeler le siècle des chemins de fer, des bateaux à vapeur, du télégraphe et de l'industrie.

Quand on songe au très petit nombre d'industries qui existaient au siècle dernier, à la petite quantité d'hommes qu'elles occupaient, et que l'on considère l'immense quantité d'ouvriers qui existent sur tous les points de la France, les nombreuses usines qui répandent leurs produits sur le monde entier ; quand on songe aux admirables procédés industriels, à ces machines qui produisent dix, quinze, vingt fois plus que l'ancien travail des bras, est-il possible de ne pas s'apercevoir qu'un changement radical s'est produit chez certaines nations européennes, dont les populations ont été arrachées au travail de la terre pour s'occuper du travail des usines ?

Nos dernières expositions universelles resteront comme l'apogée de cet immense développement matériel et peut-être de la grandeur de la France.

Toutes ces admirables industries sont cependant les signes de la vieillesse des nations et les précurseurs de la désorganisation de la société par deux raisons, par la richesse et le bien-être qu'elles amènent chez les uns, et par la misère qu'elles développent chez les autres, car l'extrême misère comme l'extrême richesse sont toutes les deux causes de démoralisation.

Chez les riches d'abord, sans parler de ceux qui emploient, pour gagner leur fortune, de mauvais moyens, il est certain que rien que le fait de la possession de la richesse suffit pour affaiblir et diminuer les caractères.

Nous ne voudrions dire aucun mal des classes riches, surtout en temps de révolution, mais il n'en est pas moins vrai que pour plusieurs raisons on voit cette conséquence se produire.

Rien que le fait de la possession de la richesse constitue l'homme dans un état de jouissance, de repos, d'absence de souci qui est très propre à endormir l'âme.

De plus, cette fortune devient sa préoccupation constante; il ne songe qu'aux biens qu'il possède, à la manière de les augmenter et à la position qu'ils peuvent lui donner dans le monde; s'il ne le fait pas pour lui-même, il le fait pour ses enfants, et en tout cela il a parfaitement raison, et c'est là un des ressorts les plus puissants de la société.

Or, cette préoccupation exclusive, qui l'emporte sur les sentiments les plus nobles, suffit à la longue pour attiédir les caractères. La fortune est comme un fardeau qui allourdit ceux qui en sont chargés.

Un homme riche a en quelque sorte conscience

que sa vie vaut plus qu'une autre : aussi la risque-t-il plus rarement ; lorsqu'il y a un danger à courir, ce sont les gens riches qui partent les premiers.

D'ailleurs, la richesse énerve les hommes d'une autre manière, en donnant au corps une habitude du bien-être qui devient une nécessité et une servitude. Comment un homme qui est habitué à se lever tard, à ne faire que l'exercice modéré qui convient à sa santé, ou même un homme occupé uniquement à un travail intellectuel, pourra-t-il tout d'un coup prendre les fatigues de la vie de soldat, coucher en plein air, passer ses nuits sans dormir, marcher toute la journée en portant son sac et ses armes ? Il y a là presque une impossibilité : aussi voyons-nous les gens riches, quand ils le peuvent, s'éloigner du service militaire, qui pèse presque exclusivement sur les classes pauvres.

Les classes pauvres elles-mêmes, par la diffusion de la richesse ou plutôt d'un bien-être relatif comme celui qui est répandu partout en France, arrivent à perdre leur vigueur primitive ; et c'est ainsi que de grandes nations en viennent à ne plus pouvoir recruter de soldats, comme cela est arrivé dans les derniers temps de l'empire romain ; et c'est par là qu'elles périssent : elles ne sont plus de force à lutter contre des populations pauvres, énergiques, ayant l'habitude des armes, qui viennent les attaquer.

Enfin, la richesse est encore une cause de démoralisation beaucoup plus grande par la facilité qu'elle donne de satisfaire tous ses désirs, toutes ses passions. La fortune, en effet, est comme une clef qui va à toutes les portes : par elle on peut se procurer tout ce qu'on désire ; un homme pauvre se passe de tout, parce qu'il y est forcé ; un homme riche peut satisfaire toutes ses passions. Or, un homme qui n'a pas l'habitude de lutter contre lui-même, un homme corrompu, ne peut jamais être énergique, et il témoigne dans toutes les circonstances de la vie la même faiblesse qu'envers lui-même.

A quels spectacles n'avons-nous pas assisté pendant ces dernières années ! Jusqu'où a monté la préoccupation exclusive de la richesse ? quelles fortunes rapides ont été faites et par quels moyens? et puis, par contre, quel a été le développement du luxe, de la dépense? Non seulement cela s'est fait chez les riches, mais même chez ceux qui n'ont qu'une fortune modeste, même chez les pauvres; l'impulsion était donnée d'en haut, les villes elles-mêmes ont agi avec les mêmes prodigalités que le souverain : comment lés individus n'eussent-ils pas fait de même? Paris n'était plus la capitale de la France, mais la capitale même du monde; ce n'était plus l'habitation de gens sérieux, mais un rendez-vous universel, où l'on venait de toutes parts pour vivre gaîment et dépenser l'argent qu'on amassait ailleurs. Toute la nation semblait prise d'une fièvre de luxe et de corruption.

Mais, comme nous le disions tout à l'heure, le développement de l'industrie a une autre conséquence : en même temps qu'il crée les grandes fortunes, par les mauvaises conditions hygiéniques et morales dans lesquelles il place les hommes, il crée également les grandes misères, et c'est une chose certaine qu'avec l'apparition de la grande industrie coïncide la venue du paupérisme, qui n'a jamais été si répandu ni si cruel. Sans doute, autrefois il y avait bien des pauvres; mais ces pauvres vivaient surtout dans les campagnes, où ils trouvaient toujours à peu près moyen de vivre. Ils ne se rassemblaient pas, comme ils le font maintenant, dans les bas-fonds des grandes villes.

En dehors même de la misère, qui, en somme, n'est le fait que des femmes, des enfants, des vieillards abandonnés, des malades et des gens vicieux, l'industrie a créé pour les ouvriers qu'elle emploie une condition d'existence factice et malsaine, dans laquelle l'équilibre des facultés de l'homme a de la peine à se maintenir : il faut qu'ils vivent dans des ateliers, loin du grand air et du soleil; qu'ils s'emploient à des travaux monotones qui ne déploient que certains côtés de leur individu; enfin, au retour de leur travail, au lieu de trouver, comme le paysan, une chaumière pour les recevoir, ils sont obligés d'habiter des chambres sales, malpropres, qui souvent même ne sont que des garnis où ils logent en passant. Ajoutez à cela qu'ils vivent en communication continuelle

les uns avec les autres, qu'ils se gâtent récipro-
quement, et que dans les grandes villes ils ont
sous les yeux le spectacle insolent de ce luxe
auquel ils ont contribué et dont ils n'auront jamais
leur part. Ainsi se crée entre les deux classes de
la société, ceux qui consomment et ceux qui produisent, ceux qui jouissent et ceux qui souffrent,
cet antagonisme profond, cette division radicale
des esprits dont nous parlions tout à l'heure, et
dont les tristes fruits éclatent en ce moment à tous
les yeux.

Le socialisme n'est pas nouveau, il est apparu
plusieurs fois dans les républiques grecques à leur
décadence; au moyen âge, nous en voyons les
traces dans les républiques italiennes, à Flo-
rence, par exemple, du temps des Ciompi. Toujours il a été produit par le développement exces-
sif de la richesse publique.

Mais j'entends l'objection qu'on peut me faire.
Il existe un état chez lequel le développement
industriel est plus grand qu'en France, chez lequel
la richesse produite est bien plus considérable,
et cependant ces bouleversements sociaux ne

semblent pas menaçants en Angleterre comme chez nous.

D'abord, les germes en existent, la misère y est très profonde, la corruption très grande, les associations ouvrières y ont la même force; s'il n'y a pas de soulèvement, et il y en a eu, cela tient à d'autres raisons qui rétablissent l'union des esprits que ces causes tendent à détruire : une de ces raisons est le grand esprit national, qui relie tous les Anglais.

Jamais les ouvriers anglais n'eussent fait une guerre civile quand l'ennemi avait le pied chez eux ; sous le premier empire, ils ont donné à cet égard des preuves manifestes d'un patriotisme qui leur a permis de rester unis, malgré les misères que leur a causées le blocus continental ; enfin, ils ont à leur tête un pouvoir incontesté, qu'ils ne cherchent pas à détruire, et autour duquel ils se resserrent lorsqu'arrivent les grandes crises qui bouleversent la nation.

Nous voyons, enfin, un troisième signe de désorganisation dans ces révolutions si fréquentes depuis le commencement de ce siècle; sans parler des changements de gouvernement qui ont eu lieu sous la première Révolution, et qui en ont été la conséquence directe, quel triste symptôme d'inconstance ne voyons-nous pas dans les révolutions de 1830, de 1848, de 1852, de 1871! Il semble que la France soit dans l'impossibilité de garder un gouvernement plus de vingt ans.

Un homme se retourne dans son lit : on en conclut que, s'il change de place, c'est qu'il se trouvait mal dans celle qu'il occupait. On peut également conclure de nos révolutions qu'il y a dans notre société un grand malaise, un grand désordre intérieur qui l'empêche de se trouver bien sous aucun gouvernement.

Sans doute cela tient à l'existence de ces différents partis qui divisent la France et qui se réunissent tous contre celui qui est au pouvoir; cela tient peut-être aussi à la question ouvrière, qui, nous le croyons, n'a pas encore trouvé sa solution, et au socialisme, qui profite de toutes les occasions de désordre; mais quand on regarde attentivement la manière dont toutes ces révolutions se sont faites , il est incontestable qu'une des causes les plus immédiates est dans le pouvoir que Paris s'est donné de changer le gouvernement de la France sans la consulter, et par conséquent dans cette centralisation excessive qui fait aboutir toutes les forces de la France à une seule ville.

Sous la première Révolution, qui a fait la terreur et a amené les horreurs de 93, sinon la ville de Paris par sa révolution du 10 août faite au nom de la commune, comme celle qui a lieu en ce moment?

Trois fois depuis quarante ans, en 1830, en 1848 et le 4 septembre 1870, Paris a réussi à renverser le gouvernement, et cela non seulement sans l'assentiment du pays, mais malgré la province, que ces révolutions inquiètent et troublent, car elles ont toujours été pour la France entière des époques de malheur et de ruine.

Ce n'est pas tout. Paris, depuis cette époque, n'a réussi que trois fois ; mais combien plus de fois a-t-il essayé ! Dans les premiers temps du gouvernement de Juillet les émeutes étaient continuelles ; sous la République il y a eu au moins deux tentatives, le 15 mai et les journées de juin, sans compter les émeutes de mars et d'avril ; enfin, depuis le 4 septembre trois fois nous avons vu se renouveler ces mêmes tentatives, le 31 octobre, le 22 janvier, le 18 mars. Et que veut Paris en ce moment, sinon imposer sa volonté à la France? C'est là de la part de Paris une prétention insupportable. Les révolutionnaires, les hommes qui veulent flatter cette grande ville pour gagner ses suffrages, répètent que la population de Paris étant la plus intelligente et la plus patriotique de la France, Paris étant comme le cerveau et le cœur du pays, celle-ci ne peut que gagner à le suivre aveuglément.

Sans discuter cette prétention ridicule, si parfaitement contraire aux idées d'égalité qui règnent en ce moment, on doit beaucoup en rabattre sur cet éloge. Paris n'a certes pas le monopole ni de l'intelligence ni du patriotisme ; peut-être même trouverait-on dans cette grande ville plus de corruption, plus de folie, plus de mauvaises passions qu'il n'y en a nulle part.

Quant à son influence sur notre histoire, on

peut dire qu'elle a été déplorable; il a causé toutes nos révolutions, hormis cette Révolution de 89 qui a été faite par l'Assemblée constituante, c'est-à-dire par la nation tout entière. Mais c'est lui qui a fait 93. Depuis, il a perpétuellement compromis la cause de la liberté, et l'on ferait une étude intéressante en recherchant l'influence désastreuse qu'il a exercée sur la France dans cette dernière guerre.

C'est par cette prédominance de Paris sur la province que pendant cette guerre, dans le moment le plus critique de notre histoire, le gouvernement de la France a pu tomber entre les mains de MM. Jules Favre, Jules Simon, Pelletan, Garnier-Pagès, Crémieux, etc., c'est-à-dire d'hommes qui n'inspiraient aucune espèce de confiance au pays; ou bien en celles de MM. Gambetta et Rochefort, députés de Belleville l'un et l'autre, et qui un an auparavant n'étaient que des épouvantails pour toute la France. Qui peut soutenir que le suffrage universel les eût jamais désignés pour nous gouverner, même temporairement? Et cette usurpation aurait-elle jamais été possible sans l'initiative de Paris et sans la crainte qu'avaient tous les bons citoyens de faire la guerre civile?

Ce gouvernement n'excitait que de profondes défiances à la province, qui ne s'est levée qu'assez tard; il était sans force à Paris sur les gens qui l'avaient nommé; au lieu de s'arrêter, comme eût fait tout bon gouvernement, lorsque la guerre ne pouvait aboutir qu'à de nouveaux désastres et aux conditions plus dures que nous avons eues, il a fallu continuer pour satisfaire cette population de Paris, aveuglée par une passion généreuse si l'on veut, mais insensible à la voix de la raison, et nous n'avons pas tardé à en voir les résultats.

Enfin, ce gouvernement qui, pendant tout le siége, n'avait vécu à Paris que de concessions, laissait dans la capitale tout désorganisé, l'administration municipale, l'armée, la garde nationale. La partie était belle pour les partisans du désordre et de l'anarchie : aussi voyons-nous cette déplorable guerre civile et cette révolte de Paris contre la France entière, à laquelle il prétend imposer et dicter ses lois.

Il reste à savoir si la province consentira à consacrer ce nouveau droit, ou bien si elle se déterminera enfin à prendre vis-à-vis de Paris une mesure énergique qui mettra la France à l'abri des tentatives de sa capitale, en fixant définitivement l'Assemblée hors de Paris.

Du reste, par les nouvelles conditions que l'empire lui a faites, par la suppression des barrières et les travaux qu'il a favorisés, Paris, moins que jamais, est propre à devenir le centre du gouvernement.

Avec son étendue immense, sa population de deux millions et demi d'âmes, avec sa ceinture de faubourgs dans lesquels vivent plus de trois cent mille ouvriers, et qui semblent faire le siége permanent de la ville, Paris ne pourrait renfermer le gouvernement sans le plus grand danger.

Ce n'est pas à l'endroit même où le socialisme, le communisme a son centre, dans un lieu où s'organisent les armées du désordre, qui, même après la victoire, existeront encore dans le souvenir et peut-être dans leur organisation, que l'on peut mettre le gouvernement de la France, que l'Assemblée peut délibérer en toute sûreté.

Enfin, un quatrième signe de désorganisation sociale est chez les individus le manque d'énergie et un affaiblissement marqué dans les caractères.

Quand les Prussiens nous ont envahis, après le 4 septembre, c'est à peine si la province s'est soulevée; en tout cas c'est longtemps après qu'elle eût dû le faire ; encore n'y eut-il guère que les soldats et les mobiles qui se soient battus ; les mobilisés, presque partout, n'ont servi à rien. Je sais que cela tient à bien des causes : la proclamation de la République, la direction de MM. Crémieux, Glais-Bizoin, Gambetta était plus faite pour effrayer la province que pour engager à se battre; l'organisation était détestable ; les hommes manquaient d'habillement, de munitions, de vivres : néanmoins le fait n'en existe pas moins, la province s'est levée tard et elle n'a pas fait une résistance sérieuse.

Mais ce qui est plus triste, c'est de voir dans presque toutes les villes la timidité des honnêtes gens en face de la hardiesse des émeutiers ; il semble que lorsqu'ils se défendent ils font une chose qui ne les regarde pas et qu'ils n'ont pas le droit de faire.

Quel exemple n'en avons-nous pas à Paris, où 30,000 individus des faubourgs ont pu réussir à s'emparer d'une ville de 2,500,000 âmes, la conquérir, car c'est une véritable conquête, et à lui faire subir le traitement qu'ils lui imposent en ce moment? Quel exemple n'en avons-nous pas dans cette capitulation signée par les maires de Paris et l'amiral Saisset, par laquelle on dissout les 50,000 gardes nationaux de l'ordre rassemblés de tous les quartiers de Paris, sans même garder ni un quartier ni une porte par où les troupes de Versailles eussent pu entrer plus tard?

La même chose s'est vue dans toutes les grandes villes. Combien de temps la commune a-t-elle régné à Lyon? combien de temps le drapeau rouge a-t-il flotté sur l'hôtel de ville? Quelle a été la conduite des gardes de l'ordre à Marseille, à Toulouse, dans toutes ces villes où les insurrections ont été si fréquentes?

Comment expliquer, d'un autre côté, au moment des élections, ce chiffre formidable des abstentions? Il semble que les honnêtes gens craignent de se compromettre en votant, ou qu'ils s'imaginent faire acte de prudence en ne se mêlant pas de politique. Pour expliquer cette inertie, pour donner le secret de certaines élections, il faut admettre que dans la petite bourgeoisie, parmi les gens les plus intéressés à l'ordre, un grand nombre estiment que ces révolutions sont surtout l'affaire des riches et qu'elles ne les regardent pas; tandis que d'autres, inspirés par l'envie, sans faire ouvertement cause commune avec les insurgés, sont bien aises de ce qu'ils font, et au fond du cœur sont avec eux et votent dans léur sens.

Mais quelle preuve plus grande de la faiblesse des caractères peut-on donner que la conduite du gouvernement de la défense nationale, qui, depuis le commencement jusqu'à la fin, n'a gouverné que par des concessions et des mensonges? Quel triste rôle il a joué dans cette lutte continuelle contre la commune, qui voulait le renverser et qui a fini par réussir! quelle conduite il a tenue à l'égard de ces maires de Paris qui avaient été nommés spécialement pour les intérêts municipaux, et que lui-même il rassemblait secrètement au ministère de l'intérieur pour s'occuper de politique et entendre les divagations de M. Delescluze! quelle conduite il a tenue le 31 octobre, et combien les hommes qui le composaient se sont montrés faibles et incapables quand il s'est agi de contenir ce peuple qu'ils avaient déchaîné!

Les seuls hommes qui aient donné des preuves d'audace et d'énergie sont encore les gens de l'émeute. Leur campagne pour la commune a été bien menée pendant tout le temps du siége. Le comité de la garde nationale s'est adroitement emparé des canons le jour où l'on pensait à autre chose; il est habilement arrivé à ses fins en faisant dissoudre les bataillons de l'ordre; enfin, dans la défense de Paris les insurgés ont dépensé une bravoure qu'on n'attendait guère d'eux, et qui montre ce qu'on aurait pu faire si l'on avait su s'en servir.

Toutefois, si on les compare aux hommes de

93, il faut convenir que la race des grands révolutionnaires est perdue : les hommes de la commune ne paraissent pas avoir su bien exactement ce qu'ils voulaient ; ils semblent n'avoir eu d'autre but que de vivre gaîment pendant le temps du siége. Les décrets de la commune sont restés, pour la plupart, sans exécution. Pour les chefs des insurrections, ô décadence ! les jours d'émeute ils s'échappent tous : on retrouve l'un dans un bateau de blanchisseur, l'autre se trouve mal au bon moment ; tous paraissent surtout préoccupés de trouver une retraite, tandis que les malheureux qu'ils ont trompés paient pour eux.

Si maintenant nous examinons tout ce qui s'est passé depuis cette funeste guerre, que de preuves verrons-nous de l'incapacité, de la négligence, du défaut d'organisation qui ont présidé à tout ce qui a été fait ! Il semble que l'on soit transporté chez les Chinois. Assurément, pendant la guerre que nous leur avons faite, leur incurie n'a pas dépassé celle dont nous avons été témoins.

C'est d'abord cette guerre que l'on déclare sans être prêt, ces cadres à moitié vides, cette armée de

250,000 hommes à peine que l'on oppose aux 1,100,000 Prussiens que nous savions avoir contre nous,

Cette guerre entreprise sans qu'on ait préparé sur nos frontières aucunes provisions de bouche, aucunes munitions,

Ces généraux d'antichambre, ignorant absolument l'art de la guerre, et qui se laissent toujours surprendre,

Ces états-majors qui ne savent pas la géographie de leur propre pays,

Puis quand la campagne est engagée, ce détestable service de l'intendance, ces vivres qui n'arrivent jamais, ces munitions qui manquent toujours et qui sont le plus souvent interceptées par l'ennemi.

Enfin quand nous sommes battus, c'est le moment qu'on choisit pour renverser le gouvernement et désorganiser la France entière, au moment où elle avait besoin de toutes ses forces pour s'opposer à l'ennemi. On fait des préfets au lieu de faire des soldats.

Ce n'est pas tout : voilà un autre parti, la commune, qui essaie de renverser les républicains qui avaient pris le pouvoir, et qui trouve le temps de faire des émeutes pendant que les Prussiens nous assiégent.

Enfin, quand nous sommes vaincus, quand il faut traiter, et Dieu sait à quelles conditions, voilà l'armée qui se décourage, lève la crosse en l'air devant les émeutiers et va se mettre dans leurs rangs ; voilà les forts qu'on leur livre, et qu'il faut ensuite reprendre en sacrifiant tant d'hommes ; des canons qu'on leur laisse prendre, avec lesquels ils tireront sur nous ; enfin, toute cette effroyable guerre civile dont nous ne faisons que de sortir.

En vérité, ne croirait-on pas vivre au temps du Bas-Empire ? ne dirait-on pas ces Grecs dégénérés, qui trouvaient le temps de disputer sur la théologie quand Mahomet II était à leur porte ?

Tout cela montre que la France est descendue bien bas ; ce qu'il y a de malheureux, ce qu'il y a de déplorable, ce n'est pas tant d'être vaincu, cela peut arriver aux plus braves, mais c'est d'avoir été vaincu parce qu'on l'avait mérité, c'est-à-dire parce qu'on était corrompu. Le résultat de cette guerre n'a pas été le produit du hasard ; ce n'est pas parce que nous avons été surpris que nous avons été vaincus : notre consolation, si c'en est une, est de nous dire que dans la voie où nous étions de pareils événements étaient inévitables. Lors même que cette guerre n'eût pas été déclarée avec la Prusse, il y avait en France une telle corruption, qu'à défaut de cette catastrophe nous en eussions eu certainement une autre qui n'en aurait été que plus terrible, pour être plus eloignée.

Quelles sont les causes de tout cela? Sans doute, en première ligne, c'est l'Empire.

L'Empire, né d'une origine malsaine, n'a été qu'un vaste système de corruption et de démoralisation.

Il s'appuyait sur le principe du suffrage universel; pour vivre, il fallait le corrompre; l'administration tout entière y fut employée : préfets, sous-préfets, maires, juges de paix, gardes champêtres, maîtres d'école, etc. Ce fut là le grand souci du règne, tout dépendait de là.

La magistrature, celle de nos institutions dont l'indépendance est le plus nécessaire, et l'armée comprirent qu'il n'y aurait pour elles d'avancement qu'en proportion de leurs complaisances pour le pouvoir.

En même temps, le gouvernement s'attachait à détruire toute initiative individuelle, pour que cette initiative ne lui fût pas hostile. Tout ce qui ne provenait pas de l'administration était suspect et comprimé.

Enfin, à ce peuple qu'il privait de sa liberté, l'Empire donnait comme compensation une grande prospérité matérielle ; en cela il fut admirablement servi par les circonstances ; à ce point de vue nulle époque peut-être ne fut plus brillante.

On comprend tout ce qui devait résulter d'un pareil système : l'inertie, l'énervement, l'habitude de compter sur le gouvernement en toutes choses. L'Empire devait forcément finir par une catastrophe comme celle que nous avons eue.

Mais ce n'est là que la cause déterminante ; il y a à l'état dont nous souffrons d'autres causes beaucoup plus anciennes, beaucoup plus profondes que nous avons à rechercher.

La cause principale, selon nous, est le désordre qui a été jeté dans les esprits par la première

Révolution. A coup sûr nous ne voulons pas dire de mal de 89. Quel que soit le triste état de notre pays, nous doutons qu'il soit pire que celui de la France sous le règne de Louis XVI : la division des esprits était au moins égale ; on sortait d'un règne, à tous égards, désastreux, aussi bien pour la gloire de la nation que pour son honneur et sa dignité. La banqueroute était imminente. La France, comme l'Europe entière, paraissait alors une puissance vieillie, en qui tout était à renouveler ; des réformes radicales qu'il semblait impossible de réaliser pouvaient seules lui rendre la vie et la jeunesse. Mais ces réformes quelles étaient-elles, qui saurait en prendre l'initiative ? Telles étaient alors les inquiétudes de nos pères.

La Révolution française, prise dans son ensemble, a eu cette gloire : elle a chassé ce vieil ordre de choses qui ne nous menait qu'à la mort, et qui reposait surtout sur le privilége et sur la noblesse ; elle a appelé aux affaires la bourgeoisie, c'est-à-dire le peuple, c'est-à-dire la nation toute entière ; et dans cette classe nouvelle, qui n'avait pas encore paru aux affaires, la France a retrouvé une nouvelle vigueur et une seconde jeunesse. Elle nous a donné ces biens inestimables pour lesquels nous ne saurions lui avoir trop de reconnaissance : l'égalité devant la loi, la suppression des priviléges, la liberté de conscience, une représentation nationale permanente, enfin tout ce nouvel ordre de choses sur lequel nous vivons depuis quatre-vingts ans.

Et cela, elle ne nous l'a pas donné à nous-mêmes, mais à toute l'Europe, car sous l'empire, qui, dans son principe, n'a été que l'organisation de la Révolution, la France a promené ses drapeaux victorieux chez toutes les nations, et, en même temps que nous récoltions la gloire des armes, nous répandions partout les idées qui nous régénéraient.

Donc, ne marchandons pas notre reconnaissance à la première Révolution ; mais ces idées précieuses, qui ont pu s'établir chez les autres nations sans trop de secousses, nous les avons enfantées dans la guerre civile et dans la violence, et au milieu de toutes les horreurs de 93. Or, la violence laisse toujours derrière elle les tristes conséquences que nous voyons se dérouler aujourd'hui. Quel malheur que la France n'ait pas pu fonder ses libertés par la force irrésistible d'une nation qui rentre en possession de ses droits, et qui, en réprimant les abus, fait à tous la part de la justice, quel malheur que l'ère des révolutions ne se soit pas fermée en 89 ; nous n'aurions pas eu, depuis, à subir tant de déchirements, et le règne de la liberté serait à tout jamais fondé en France !

C'est, en effet, jusqu'à la Révolution qu'il faut remonter pour trouver le germe de tous les partis qui nous désunissent : les légitimistes, les républicains, les bonapartistes, et enfin les orléanistes, qui sont arrivés plus tard comme une transaction entre les partisans de la monarchie et de la République, tous ces partis qui auraient pu se réunir pour fonder les deux partis qui doivent exister d'une manière normale dans tout gouvernement, les conservateurs et les libéraux, tous ces partis, dis-je, par le fait même des violences qui ont été commises, se sont séparés ; et comment les réunir? Il y a du sang ou des violences entre eux !

Mais la Révolution a eu d'autres conséquences : elle a faussé l'esprit de la nation, en lui faisant changer une première fois de gouvernement; elle lui avait fait croire qu'elle avait le droit d'en changer toutes les fois que cela lui conviendrait, et qu'elle pourrait perpétuellement remettre le sort de la France en question. Quel danger cette idée ne devait-elle pas avoir, étant donnée l'inconstance proverbiale de notre nation! Nous n'avons qu'à regarder ce qui se passe en Angleterre pour comprendre, et au delà, que la meilleure manière d'obtenir des réformes n'est point de faire une révolution, mais d'amener, par des réclamations légitimes, le gouvernement à les accorder.

La Révolution a encore faussé l'esprit de la ville de Paris d'une autre façon, en lui faisant croire qu'elle avait le droit, à elle toute seule, sans consulter la province, de changer le gouvernement, comme elle l'avait changé au 10 août, et même de gouverner elle-même la France, comme elle l'avait un instant gouvernée autrefois ; la commune de 1871 est fille de la commune de 1793 : il y a dans tous ces faits un enchaînement qui ne peut échapper à personne.

Enfin, le dernier désordre que la Révolution française ait causé dans les esprits est la formation d'une secte toujours prête à recourir à la violence et à la surprise pour s'emparer du pouvoir; d'une secte composée d'une minorité infime et turbulente, qui, se croyant le devoir de sauver la nation, même malgré elle, refuse, dans un intérêt de salut public et au nom de la liberté, l'exercice de cette même liberté à ceux qui ne pensent pas comme elle ; une secte qui ne songe à établir son règne que par la terreur, et qui vit, dans la société qui la protége, en état d'hostilité flagrante avec elle, ne reculant pas, pour le triomphe de ses idées, devant le vol et l'assassinat ; je veux parler des jacobins, un des produits les plus curieux des temps troublés de la Révolution. Nous l'avons vue dernièrement régner dans Paris, comme elle a autrefois régné en 93.

C'est ainsi que rien, dans ce monde, n'est

perdu, et que les fautes ont, dans la suite des temps, des conséquences terribles dont il est impossible aux nations de se débarrasser.

Les crimes de 93 sont comme cette robe de Nessus que l'antiquité avait mise sur les épaules d'Hercule : ils nous brûlent, il nous consument, et nous nous perdons en vains efforts pour nous en dégager.

Une autre cause de l'état anormal dans lequel nous sommes est, selon nous, le suffrage universel tel qu'il est constitué.

A notre avis, le suffrage universel repose sur un principe faux, à savoir que tous les individus qui composent une nation sont suffisamment éclairés pour avoir une idée en politique et choisir les hommes qui leur conviennent. Ce principe est faux et sera toujours faux, car tout le monde aurait beau savoir lire et écrire, le plus grand nombre des électeurs sera toujours incapable de prendre la décision qu'on leur demande en connaissance de cause.

Il résulte de là que les élections, si on les laisse livrées à elles-mêmes, se font à l'aveugle, au hasard, la plupart du temps d'après des circonstances accidentelles.

Il en résulte aussi qu'il est très facile d'influencer le suffrage universel, et c'est ce qu'ont fait l'Empire et la Révolution.

L'Empire, par les candidatures officielles, est parvenu à en faire un docile instrument de despotisme ; il annulait les villes par le vote des campagnes, et, pour le dire en passant, c'est en cela qu'il y a quelque chose de fondé et de juste dans les réclamations de Paris et dans cette guerre civile, s'il peut y avoir quelque chose de juste dans une pareille cause. Si on n'avait pas pris tant de soin pour joindre aux circonscriptions urbaines des circonscriptions rurales, si on n'avait pas divisé les villes en trois ou quatre fractions, pour les faire voter avec les campagnes ; si, en un mot, on n'avait pas employé tous les moyens pour annihiler l'influence politique des villes, les événements auxquels nous avons assisté n'auraient pas lieu.

La Révolution, d'un autre côté, n'a pas fait moins d'efforts pour se rendre maîtresse du suffrage universel. Quels moyens n'a-t-elle pas employés pour le corrompre aux dernières élections ? Le vote au chef-lieu de canton, avec des sections insuffisantes, ce qui forçait, en certains endroits, les paysans à faire quatre ou cinq lieues pour voter ; le droit pour les préfets d'être élus en donnant leur démission dix jours à l'avance ; dans les élections du Conseil municipal, à Paris, on annonçait les élections trois jours avant le jour du vote, pour qu'on n'eût pas le temps de s'entendre ; le 31 octobre, les maires de Paris avaient fini par admettre qu'on les annoncerait la veille pour le lendemain. En fait d'inventions propres à vicier le suffrage universel, la République n'est certes pas restée au-dessous de l'Empire.

Dans les élections dernières, cela ne lui a pas réussi ; nous avouons n'être pas aussi rassurés pour l'avenir. Est-il impossible que, de même que l'Empire a abusé du suffrage universel, la Révolution elle-même n'en abuse, et se figure-t-on l'abîme de maux dans lequel la France serait plongée si,

par une supercherie, par une intimidation quel-
conque, le suffrage universel nous donnait une
Chambre révolutionnaire? Les révolutionnaires
ont renversé les candidatures officielles en faisant
des émeutes; mais les honnêtes gens n'en font pas :
comment pourraient-ils se débarrasser des candidatures officielles de l'émeute ?

Actuellement le suffrage universel a assez vécu
pour que nous puissions le juger par ses actes;
nous lui reprochons d'être entre les mains du
gouvernement un instrument de despotisme, et
entre les mains des révolutionnaires un instrument d'anarchie. Mais ces deux tendances, dira-
t-on, sont l'une contre l'autre et s'annulent. Nous
le savons bien, aussi croyons-nous que l'on peut
vivre avec le suffrage universel ; mais il n'en est
pas moins vrai que, pour ces deux causes, le suffrage universel est un instrument dangereux,
sans garantie ni contre les despotisme ni contre
l'anarchie, et qu'on peut lui reprocher d'être en
partie cause des désordres dont nous venons de
souffrir si cruellement.

Nous lui reprochons également de n'être pas

un moyen efficace pour faire arriver dans les con-
seils du pays, ni les hommes les plus éclairés, ni
les plus utiles. Presque toujours le suffrage universel se décide nón sur des faits réels, mais sur
de fausses apparences perfidement exploitées, et
les hommes qui ont le plus de chances d'arriver,
surtout dans les villes, sont les personnalités
bruyantes, brouillonnes, qui ne reculent devant
aucun moyen, devant aucune promesse ; ceux qui
frappent l'esprit des masses sont ceux qui flattent
le mieux leurs passions.

Repassons quels ont été les députés de Paris
depuis vingt ans : ou bien ce sont des hommes
comme MM. Jules Favre, Garnier-Pagès, Pelletan,
Carnot, c'est-à-dire de vieilles célébrités républi-
caines restant placées là comme par habitude et à
cause de la notoriété de leur nom ; ou bien ce sont
des hommes qui avaient fait parler d'eux par tous
les moyens, comme MM. Rochefort ou Gambetta ;
ou bien ce sont des gens qui faisaient métier de
flatter les passions des masses, comme MM. Mil-
lière, Tolain et d'autres. Pour notre malheur, les
premiers ont gouverné la France ; nous avons vu

comme ils s'en sont tirés. Les derniers ont gouverné Paris sous la commune; nous voyons ce qu'ils ont fait.

Nous savons bien que la Chambre actuelle semble donner un démenti à cela, et, assurément, il serait difficile de trouver un nombre d'hommes plus capables de représenter la France.

La Chambre est éclairée, elle est libérale, elle est hardie; c'est, sans contredit, la meilleure Chambre que nous ayons eue depuis celle de 1849. Toutefois, elle a été nommée sous l'impression de circonstances telles, que le danger de la patrie dominait tout autre sentiment, et les circonstances ne seront pas toujours les mêmes.

Il est curieux, du reste, de voir que les républicains, qui autrefois avaient placé toutes leurs espérances dans le suffrage universel, semblent en apercevoir tous les défauts et y demander eux-mêmes des modifications.

Pendant le siége, MM. Pyat, Delescluze et Blanqui annonçaient que ce n'était point par une assemblée, mais par les moyens révolutionnaires qu'il fallait gouverner la France. Actuellement,

au lieu de se baser sur le nombre, les républicains
veulent, en se basant sur les intérêts, donner plus
de voix aux gens des villes; ils ne s'aperçoivent
pas que cela détruit le principe du suffrage
universel, dont le propre est de reposer sur le
nombre : autrement, la voix d'un habitant des
campagnes n'a plus la même valeur que celle des
villes; il y a inégalité, privilége, ce qui revient
à dire que les campagnes n'ont plus qu'un
demi-suffrage, et ce qui est rétablir un cens.
Si nous voulons en venir là et baser le suffrage
sur les intérêts, établissons de suite le suffrage
universel à deux degrés.

Une autre cause des désordres qui existent
dans notre société est le manque d'une solution
de la question sociale, s'il y a une solution. A coup
sûr les prétentions actuelles des ouvriers sont
injustes; elles ont leur source dans un sentiment
toujours vivant au cœur de l'homme, l'envie.
Prétendre, par exemple, qu'il s'agit en ce moment
de faire au profit des ouvriers, aux dépens de la
bourgeoisie, ce que la première Révolution a fait
au profit de la bourgeoisie à l'encontre de la no-

blesse, est une idée fausse ; car, à l'heure qu'il est, aucune différence légale n'existe entre la bourgeoisie et le peuple : tout ouvrier qui parvient à s'établir est bourgeois. Enfin, il n'y a aucune difficulté à ce que les ouvriers entrent dans les assemblées publiques et participent à la discussion des affaires de l'Etat. Si cela n'arrive pas plus généralement, c'est ou bien qu'ils ne sont pas nombreux, ou bien qu'ils n'ont pas assez confiance les uns dans les autres.

Vouloir l'avénement du peuple aux dépens de la bourgeoisie, universaliser, décentraliser la propriété et le capital, c'est donc simplement faire la guerre aux riches, empêcher les gens qui travaillent de devenir riches, c'est-à-dire empêcher les gens de travailler ; c'est, en un mot, ruiner tout commerce et toute industrie.

Néanmoins, il faut le reconnaître, derrière ces prétentions injustes il y a, de la part des ouvriers, des griefs justes ; il est vrai que, par la condition qui leur est faite dans les grandes villes, avec les tentations qui les environnent et même avec les vices qu'ils y acquièrent, si vous voulez ; il leur est très difficile de gagner assez d'argent, même avec les gros salaires, pour subvenir aux temps de chômage, aux maladies, et, enfin, pour se préparer une retraite pour le moment où ils ne pourront plus travailler.

Cette condition, qui est dure pour les hommes, est encore beaucoup plus dure pour les femmes, auxquelles il est matériellement impossible de gagner leur vie, et par conséquent de vivre honnêtement, si elles ne sont pas soutenues par leur famille.

Nous savons bien qu'il y a dans ce sens des institutions précieuses : les sociétés de secours mutuels, la caisse d'épargne, la caisse de retraite pour la vieillesse ; mais ces institutions ne sont pas suffisantes.

Y a-t-il d'autres moyens à employer ? Les sociétés coopératives de production pourraient-elles atteindre ce but, malgré toute la délicatesse et les chances d'insuccès de ces institutions ? Les ouvriers eux-mêmes ne semblent pas songer à un autre procédé : faire exproprier par l'Etat les propriétaires des grandes industries et constituer de grandes sociétés coopératives : tel a été le rêve de la commune. Bien que nous soyons fort peu partisans de ce principe socialiste qui donne à l'Etat la charge de faire travailler les ouvriers, et que nous en voyions pour notre part autant que qui que ce soit les inconvénients, nous avouons que si nous pouvions espérer acquérir à ce prix la tranquillité publique, la fin de nos discordes, il y aurait peut-être quelques essais à faire en ce sens, ne serait-ce que pour montrer s'il y a lieu d'espérer en des chimères et d'aboutir à des impossibilités. Sans doute, ce serait un privilége : les classes ouvrières seraient en France ce qu'était autrefois la noblesse ; mais, en somme, ce sont les plus déshéritées, et si quelque exception doit être faite au profit de quelqu'un, c'est au leur.

En tous cas, nous ne croyons pas qu'il y ait d'autre solution de la question sociale : ou bien on restera dans le *statu quo*, ou bien on agira en ce sens.

Voyons quels sont les remèdes.

Nos maux peuvent, en résumé, se ramener à deux : d'abord une grande corruption dans nos mœurs avec toutes ses conséquences : l'énervement des volontés, le défaut d'organisation, la faiblesse, etc.; puis la division des esprits principalement sur les idées politiques et sociales.

Pour le premier nous avouons que nous ne nous en occuperons pas, parce que nous pensons qu'une réforme dans les mœurs ne se décide jamais dans une nation, par une influence sur des individus isolés, ce sont les événements qui, agissant sur la masse même de la nation, ont assez de force pour la déterminer.

A ce point de vue nous serons, je crois, servis

à souhait : nous allons avoir une dette énorme à payer à des créanciers impitoyables, nous allons être ruinés, nous allons souffrir.

La ruine nous fera travailler : or, le travail est un des premiers éléments de la moralité ; et la souffrance nous fera penser aux réalités sérieuses de la vie, et nous ramènera aux grandes vérités morales et religièuses.

C'est donc sur le second de nos maux, c'est-à-dire sur la division des esprits que doit surtout se porter notre attention.

Pour faire cesser cette division, il faut s'entendre, c'est-à-dire qu'en face du danger commun, il faut renoncer à quelques-unes des idées qui nous sont chères, pour faire triompher un certain nombre d'idées indispensables à la société, et auxquelles nous tenons encore plus, en faisant pour leur triomphe une action commune.

En face des dangers de toutes sortes qui nous menacent, dangers à l'intérieur, dangers à l'extérieur, qui pourrait hésiter à renoncer à ses idées et à ses convenances personnelles ?

Maintenant, quel est le meilleur terrain sur

lequel on peut s'entendre ? A quelle forme de gouvernement peut-on espérer pouvoir rallier le plus de monde ? Est-ce à une restauration monarchique, est-ce à la République ?

Nous nous empressons de le dire, la République a été bien compromise par les républicains. Dans cette dernière guerre, l'Empire a été bien fatal à la France ; mais le parti républicain a tellement aggravé par ses fautes la situation déplorable où nous nous trouvions, qu'il faut convenir qu'il nous a fait peut-être plus de mal que l'Empire ; par leur folie, par leurs faiblesses, les républicains ont donc tout fait pour dégoûter la France de la République.

Cependant, à tout prendre, vu l'état de division où se trouve le parti monarchique, la République nous paraît être encore le meilleur terrain pour organiser une entente commune.

Supposez qu'à l'heure qu'il est une restauration, soit légitimiste, soit orléaniste parvienne à s'établir : elle sera violemment attaquée par le parti républicain, et par deux autres partis monarchiques qui lui sont opposés. Et comment ce nouveau gouvernement pourra-t-il tenir avec la perspective des difficultés de toutes sortes que nos dernières défaites nous ménagent dans l'avenir? Il aura donc des circonstances très difficiles à passer, et une opposition extrêmement violente; il succombera avant peu d'années.

La République, au contraire, n'est point considérée par les partis comme un gouvernement définitif : c'est un interrègne, une trève entre eux, tous peuvent s'y rallier, car en s'y ralliant aucun ne perd l'espérance de l'emporter un jour. Qu'importe, après tout, qu'ils considèrent la République comme provisoire, s'ils la soutiennent, si elle dure et si en durant elle nous sauve?

De cette manière, de deux chose l'une. Ou bien la République soutenue par tous pourra se maintenir et nous donner tous les avantages qu'on peut attendre d'un bon gouvernement, et alors nous serions bien fous pour en changer;

Ou bien elle ne pourra pas consommer l'union entre les citoyens ; elle sera ce qu'elle a été, l'anarchie et le désordre. Alors elle tombera d'elle-même; mais l'épreuve aura été faite, le pays tout entier sera d'accord, absolument d'accord pour la renverser, et ce sera le moment alors de songer à une restauration monarchique, à laquelle tout le monde se ralliera parce qu'on en sentira plus encore la nécessité.

La royauté est comme notre suprême ressource, qu'il nous faut ménager pour les circonstances extrêmes. Si nous la compromettons, cette dernière planche de salut nous manquant, que pourrons-nous mettre à la place de la République qui la suivra, dans le cas où celle-ci ne pourrait pas se maintenir ?

Le seul danger que puisse avoir, quant à présent, l'établissement de la République, c'est de donner libre carrière au bonapartisme, et le danger est peut-être plus grand qu'on se l'imagine, car aux yeux des campagnes ignorantes et du suffrage universel mal éclairé, le bonapartisme représente plus que tout autre principe la prospérité matérielle, la sécurité et la force dans le gouvernement.

Il n'y a qu'un seul cas dans lequel nous comprendrions, pour notre part, une restauration monarchique, c'est celui où une véritable fusion s'établirait non point seulement entre les représentants des partis légitimiste et orléaniste, mais entre les deux partis eux-mêmes, si la France instruite et éclairée, que représentent plus particulièrement ces deux partis, était parfaitement d'accord pour acclamer une royauté, ce gouvernement aurait alors quelque chance de durer; mais cet accord est-il près de se faire, et croyons-nous que des hommes puissent renoncer facilement à des inimitiés de quarante ans? n'est-ce pas là une chose impossible?

Cette République, du reste, ne doit avoir rien de commun avec celle que nous avons eue depuis le commencement de la guerre, et qui nous a été si funeste; il faut que ces hommes timides et faibles, qui ont fait le gouvernement du 4 septembre, soient éloignés des affaires, aussi bien que les scélérats audacieux qui leur ont succédé. Ils ont commis des fautes; la responsabilité du traité qu'ils ont signé pèse tout entière sur eux : il est juste qu'ils disparaissent.

Il faut donc une République qui ne soit pas le gouvernement de la France par une coterie quel-

conque, par un parti à l'exclusion de tous les
autres citoyens; mais une République qui soit le
gouvernement de la France par elle-même, c'est-
à-dire par tous les partis se fusionnant, se coali-
sant pour sauver la patrie; la République de tout
le monde.

Eh quoi! voilà une Chambre qui existe, elle
représente exactement les diverses opinions qui
règnent dans le pays, elle contient tout ce que la
France possède de plus remarquable comme lumière, comme influence locale : qu'est-il besoin
qu'elle nomme un roi? Ne peut-elle pas gouverner
elle-même, nous avons confiance en elle ?

La République de tout le monde, quel meilleur moyen de trouver ce qui nous manque le plus
en ce moment, des hommes? Tout gouvernement
monarchique est toujours, quoi qu'il veuille, le
gouvernement d'une coterie; il éloigne, par conséquent, tous ceux qui n'en font pas partie, ou
plutôt ils s'éloignent eux-mêmes. Quel avantage
ne nous donnerait pas un gouvernement qui serait
le gouvernement de la nation par elle-même, et
qui pourrait choisir ses hommes les plus éclairés

et les plus honnêtes dans tous les partis! Ce que nous voulons, c'est la République des honnêtes gens, la République sans ce ramas impur de gens que le parti républicain traîne à sa suite.

Et quelle force un pareil gouvernement ne tirerait-il pas de ce sentiment qu'il s'appuie sur la nation toute entière dans ce qu'elle a de plus honorable et de plus sensé! Qu'on ne s'y trompe pas, le temps des gouvernements faibles, des gouvernements à concessions doit cesser; si nous nous relevons, ce sera par un gouvernement qui saura lutter contre l'opinion publique, et qui ne se contentera pas de lui obéir, mais qui saura la diriger. Ce n'est pas que nous fassions appel au despotisme : le despotisme ne produirait jamais que ce qu'il a toujours produit, le désordre et l'anarchie après une sécurité trompeuse. Il nous faut un gouvernement très libéral dans ses lois, mais très énergique pour en punir les transgressions; en un mot, un gouvernement qui fasse respecter les lois.

De tous les gouvernements, la République est encore, à l'heure qu'il est, le plus susceptible d'être énergique dans les circonstances difficiles que nous avons à traverser, justement parce qu'il repose sur la nation toute entière, parce qu'il est impersonnel et n'a pas les intérêts d'une dynastie à ménager. Toute restauration monarchique serait encore un gouvernement plein de faiblesses et de concessions.

La France a besoin d'un gouvernement fort, et si celui qu'elle aura ne l'est pas, nous sommes menacés de revenir à l'Empire, qui, étant impopulaire, ne craindra pas d'user de la force, et qui d'ailleurs a dans son parti des traditions d'énergie et même de violence qui peuvent faire penser que lui seul sera capable de nous rendre la sécurité, si le gouvernement que nous aurons est incapable de nous la rendre.

Enfin, sitôt que ce gouvernement sera établi, il aura à commencer l'œuvre de reconstitution de la France, et parmi les mesures les plus importantes qu'il aura à prendre, il faut compter le transport définitif de la Chambre hors de Paris.

Sans doute, il serait tentant pour l'Assemblée de revenir s'y installer après la victoire, comme dans l'endroit le plus menacé, selon le conseil de Machiavel, que rappelait M. Louis Blanc; mais cette résolution, qui serait excellente pour le moment, nous laisserait sans défense contre les envahissements de l'Assemblée et les révolutions futures : aussi persistons-nous à penser qu'il vaut mieux laisser le siége de l'Assemblée à Versailles au moins, et ne pas se laisser aller à une confiance intempestive lorsque nous serons victorieux. Enfin, bien que la décentralisation ne puisse guère être pratiquée sur une très large échelle avec les tendances séparatistes qui viennent de s'accuser dernièrement, nous pensons néanmoins que la vie communale et la vie départementale doivent être réveillées par tous les moyens, et qu'une des grandes causes de nos révolutions est cette centralisation excessive, qui fait aboutir à une seule ville toutes les forces et toutes les énergies de la France. Comment s'étonner, après cela, que cette ville se prenne pour la France elle-même, et que la province, habituée à voir tout se décider à Paris, trouve étonnant que Paris dispose de ses destinées?

Voyons, enfin, ce qui arrivera si rien de tout cela ne se fait.

Si les honnêtes gens ne se réveillent pas ; s'ils restent ce qu'ils sont dans toutes les grandes villes, à Paris, à Lyon, à Marseille, etc.; si les partisans de l'ordre sont timides, désunis, comptant sur l'armée pour les défendre, tandis que les partisans du désordre sont hardis, entreprenants, ayant une organisation et des chefs que la guerre civile leur aura donnés, il est bien évident que, malgré cette victoire prochaine, on verra reparaître la Commune, la terreur, la guerre du pauvre contre le riche.

A quoi, en somme, a-t-il tenu que la France

tout entière n'ait été mise sous ce régime? A l'armée, qui heureusement a bien tourné. Mais à quoi a-t-il tenu que l'armée tourne bien ou mal? Ce qui a fait la première révolution a été la défection des gardes françaises.

Or, tout le monde sait qu'au début les dispositions de l'armée étaient extrêmement suspectes : quelques bataillons ont levé la crosse en l'air, d'autres ont livré les canons et les forts, d'autres ont refusé positivement de se battre. Heureusement, tous les mauvais symptômes ont été conjurés, et l'armée a sauvé la France.

Supposez qu'à la place de l'homme à la fois prudent et énergique qui nous gouverne, nous eussions encore eu le gouvernement de la défense nationale, avec ses divisions, ses liaisons compromettantes avec les gens de l'émeute, avec son esprit de concessions à outrance, croyez-vous que dès le début de cette guerre civile il n'eût pas cherché à transiger? croyez-vous qu'il eût pu résister à cette dernière tentative de conciliation frauduleuse de la ligue républicaine? Non, il eût transigé, et transigé sur des questions vitales pour le salut de la France, avec des conditions impossibles pour l'existence de la société.

Si donc nous n'avons pas eu la Terreur, cela a tenu à rien, à presque rien, et une fois que ces gouvernements-là sont établis, il suffit de considérer ce qui se passe à Paris et de se rappeler ce qui s'est passé en 93, ils durent, et pour qu'ils disparaissent il faut qu'ils s'usent, il faut que tous ces réformateurs se soient mangés les uns les autres.

Si cela arrive jamais, il y en a pour cinq à six ans. La France sera ruinée, son influence à jamais détruite; puis un jour, quand la misère aura été à son comble, quand la lassitude sera venue, quand on sentira le besoin de se remettre dans les conditions normales de toute société, on verra poindre un dictateur militaire, comme autrefois sous le Consulat : ce sera un Cluseret, ce sera un Rossel, comme cela a été Bonaparte. Voilà le danger dont nous avons été menacés, voilà le danger qui nous menace encore.

Ce n'est pas tout. Si nos divisions politiques continuent, si nous ne voulons pas nous entendre pour une action commune, nous ne trouverons pas encore la paix après les premières épreuves; tout au plus aurons-nous une dynastie de plus. Quel que soit le gouvernement qui s'établisse, il aura toujours une coalition de tous les partis qui le fera tomber au bout de peu de temps, et, passant continuellement par des alternatives de despotisme et d'anarchie, la France s'en ira, perdant ce qui lui reste de force et de vigueur. Notre sort alors sera celui de l'Espagne, du Mexique et des républiques de l'Amérique du Sud.

Voilà ce que nous deviendrons abandonnés à nous-mêmes; mais il ne faut pas l'oublier, la Prusse est là, elle est notre créancière, notre créancière impitoyable; que dira-t-elle si nous ne la payons pas, et nous ne pourrons la payer si la France est ruinée, si son industrie est détruite?

D'un autre côté, n'aura-t-elle pas le droit, ainsi que les autres États de l'Europe, de trouver que nous sommes ingouvernables, que nos révolutions troublent périodiquement l'Europe entière, n'aura-t-elle pas le droit de s'alarmer du triomphe, à Paris, de la Société internationale et du socialisme?

Qui l'empêchera alors de prendre vis-à-vis de la France toutes les mesures qu'elle voudra. Nous ne connaissons pas, pour notre part, quelque chose qu'elle ne puisse pas faire vis-à-vis de nous : elle peut nous partager, comme on a autrefois partagé la Pologne ; elle peut nous imposer un gouvernement, comme nous lui en avons imposé un pendant le premier Empire, et comme naguère encore l'Autriche en imposait un à l'Italie.

Tel est le sort qui nous est réservé si nous ne trouvons pas en nous l'énergie de nous sauver nous-mêmes, et pour cela nous n'avons qu'une chose à faire, nous entendre.

DIJON, IMPRIMERIE DE J.-E. RABUTOT.